( OLYMPUS HERO )

그리스 로마 신화

# 아테나

### 감수 최혜영

그리스 이와나 국립대학교에서 그리스 사상에 심취했던 4세기 때의 로마 황제 율리우스에 관한 논문으로 박사 학위를 받았습니다. 현재 전남대학교 사학과 교수로 재직 중이며, 한국서양고전학회 회장을 역임했습니다. 〈그리스 문명〉을 집필하고 〈Why? 그리스〉 편의 감수를 했습니다.

### 그림 이유철

애니메이션 동화 작업을 시작으로, EBS 방송 교재와 초·중학교 교재 삽화를 오랫동안 다수 작업해 왔습니다. 현재 과학잡지에 만화를 연재하고 있으며, 주요 작품으로는 〈상상영단어〉〈The Ghost 몸의 주인은 나야! 바이러스〉 등이 있습니다.

### 글 민초

과학·인문학 매거진 기자 출신으로 이루어진 기획 창작 집단입니다. 미국 NASA, 아이비리그, 서유럽 3대 박물관, 갈라파고스, 아마존 등 여러 세계 명소를 취재 집필했으며, 〈강철의 파이터〉〈수학탐정K〉〈애니멀사이언스〉 등 다양한 학습만화를 기획하고 연재했습니다.
e-mail : animalsound@naver.com

---

**OLYMPUS HERO 그리스 로마 신화 아테나**

2021년 12월 10일 1판 1쇄 발행

**펴낸이** 나춘호　**펴낸곳** ㈜예림당
**등록** 제2013-000041호　**주소** 서울특별시 성동구 아차산로 153
**구매 문의 전화** 561-9007　**팩스** 562-9007
**책 내용 문의 전화** 3404-9271
http://www.yearim.kr
ISBN 978-89-302-0872-7 74890
ISBN 978-89-302-0900-7 (세트)
ⓒ 2021 예림당

**STAFF**
**기획편집** 민홍기/채현지　**디자인** 이정애/강임희
**사진** 이건무　**저작권영업** 문하영/김유미
**제작** 신상덕/박경식　**마케팅** 임상호/전훈승

**PHOTO CREDIT**
게티이미지, 123RF
Copyright©2021 YEARIMDANG PUBLISHING CO.,LTD. All right reserved.

이 책은 저작권법에 따라 보호받는 저작물이므로 무단 전재와 무단 복제를 금합니다.
이 책의 표지 이미지나 내용 일부를 사용하려면 반드시 ㈜예림당의 서면 동의를 받아야 합니다.

⚠주의 : 책을 던지거나 떨어뜨리면 다칠 우려가 있으니 주의하십시오.
낙장, 파본 등 결함이 있는 도서는 구입한 곳에서 교환받을 수 있습니다.

# 그리스 로마 신화
## 올림포스 히어로를 내면서

그리스 로마 신화는 전 세계인들에게 가장 오랫동안 사랑받아 온 인문고전입니다. 동서고금 남녀노소를 막론하고 함께 즐길 수 있는 이야깃거리가 가득하며, 지금까지도 수많은 영화와 드라마에서 차용하고 있습니다.

그런데 우리는 왜 그리스 로마 신화를 알아야 할까요? 사실 그리스 로마 신화는 허무맹랑한 옛날이야기가 아닙니다. 그 안에는 인문학과 자연 과학, 역사, 철학, 예술 등 인류 조상들의 수많은 지혜와 지식, 가치관이 담겨 있습니다. 또 다양한 사연을 지닌 주인공들에게 자신의 모습을 투영함으로써 더 나은 미래를 설계하는 데 도움을 받기도 합니다.

그러나 안타깝게도 그리스 로마 신화는 그리 호락호락한 작품이 아닙니다. 수많은 인물과 익숙지 않은 지명들이 끊임없이 등장하는 데다 스토리 관계도 복잡하게 얽혀 있기 때문입니다. 〈그리스 로마 신화-올림포스 히어로〉는 시간순으로 이뤄진 기존의 그리스 로마 신화와 달리, 인물별로 스토리를 구성하여 인물 관계와 작품의 세계관을 명료하게 전달할 수 있도록 했습니다. 또한 역동적인 연출을 통해 마치 명화를 감상하는 듯한 시각적 즐거움을 제공하고 콘텐츠의 깊이와 전달력을 더했습니다. 아울러 주인공의 어린 시절 이야기와 고난 극복 과정 등을 입체적으로 조명함으로써 한 편의 성장 드라마를 보는 듯한 감동과 여운을 줍니다. 마지막에는 주인공의 활동과 주요 사건들을 시공간적으로 한눈에 볼 수 있도록 일목요연하게 정리했습니다.

〈그리스 로마 신화-올림포스 히어로〉를 읽으며 나 자신과 우리가 사는 세상을 이해하고, 신화 속 히어로가 경험한 좌절과 극복, 실패와 성공을 통해 삶을 대하는 지혜와 태도를 배워 보세요. 이 시대가 원하는 인재로 성장하기 위한 훌륭한 디딤돌이 되어 줄 겁니다.

*부모님이 함께 읽고 지도해 주시면 더욱 좋습니다.

## 차례

1. 머릿속에 갇힌 아이 • 9
2. 홀로서기 • 33
3. 기간토마키아 대혈투 • 61
4. 아테네의 수호신 • 115

# 등장인물

## 아테나
지혜와 전쟁의 여신. 뛰어난 창술과 베 짜기 기술을 지녔다.

## 팔라스
아테나의 소꿉친구. 함께 훈련을 하며 우정을 키워 나간다.

## 니케
전쟁에서 행운을 가져다주는 승리의 여신. 항상 아테나 곁에 서서 큰 힘이 되어 준다.

## 기간테스

하늘의 신 우라노스와 대지의 여신 가이아에 의해 태어난 거인족. 가이아의 명령에 따라 올림포스 신전을 공격해 온다.

## 메두사

뱀 머리카락을 지닌 괴물. 눈이 마주친 사람들을 돌로 변하게 하는 능력을 지니고 있다.

## 아라크네

뛰어난 베 짜기 기술을 가진 소녀. 자신의 실력을 뽐내기 위해 아테나와 베 짜기 시합을 펼친다.

# 1장
# 머릿속에 갇힌 아이

아주 먼 옛날

세상의 주인은 거대한 몸집과 막강한 힘을 지닌 티탄신들이었다.

하지만 티탄신 크로노스의 막무가내식 횡포에 그의 아들 제우스를 비롯한 올림포스 신들은 반란을 일으켰다.

이게 맞는 일인지 모르겠어, 메티스. 네가 내키지 않는다면 그만 둘게.

미안해 하지 마, 제우스! 헤라는 성격이 똑 부러지니 안심이야.

보이오티아의 키타이론산

그리하여 제우스는 방황을 끝내고 헤라와 결혼을 하게 된다.

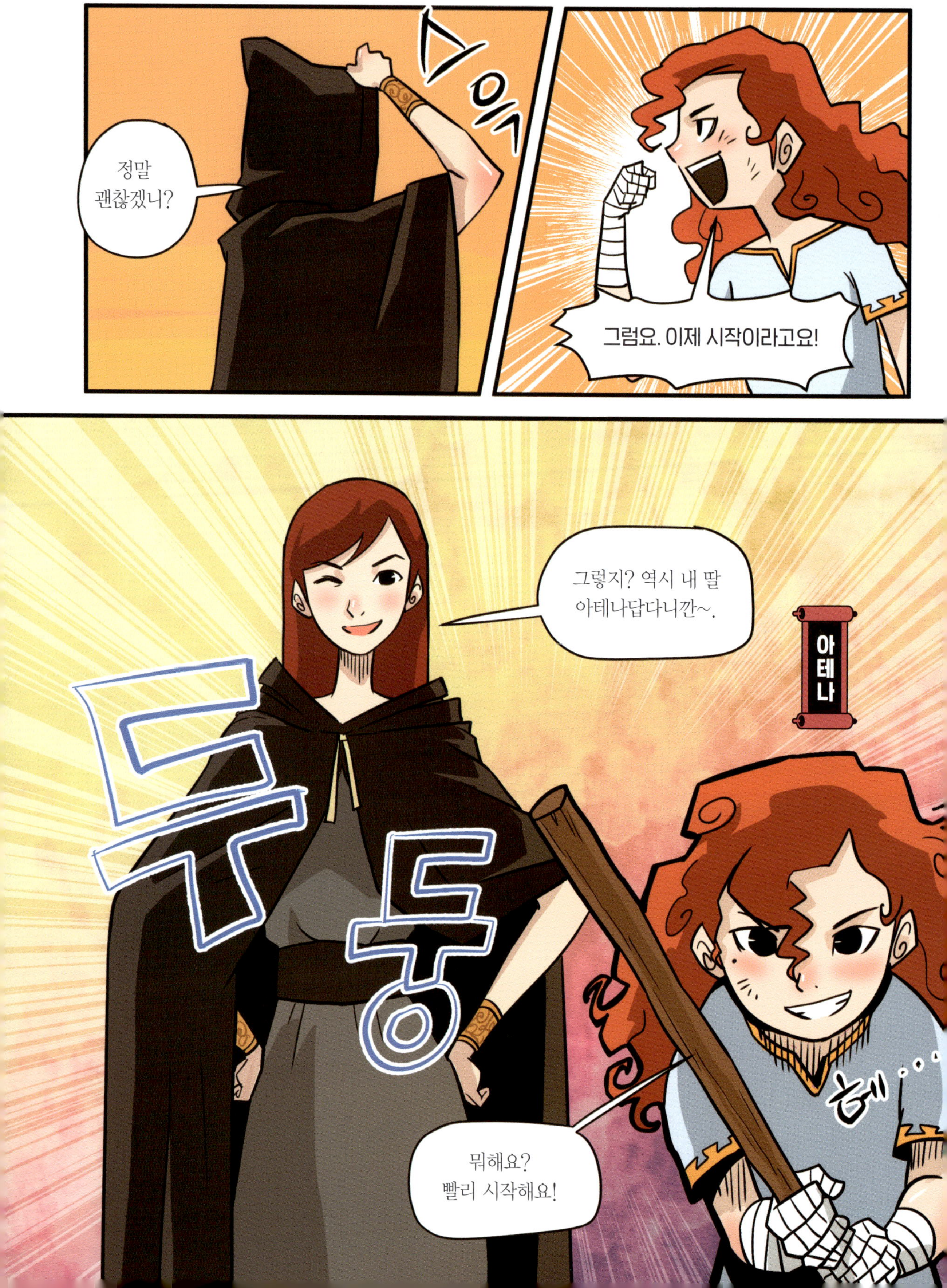

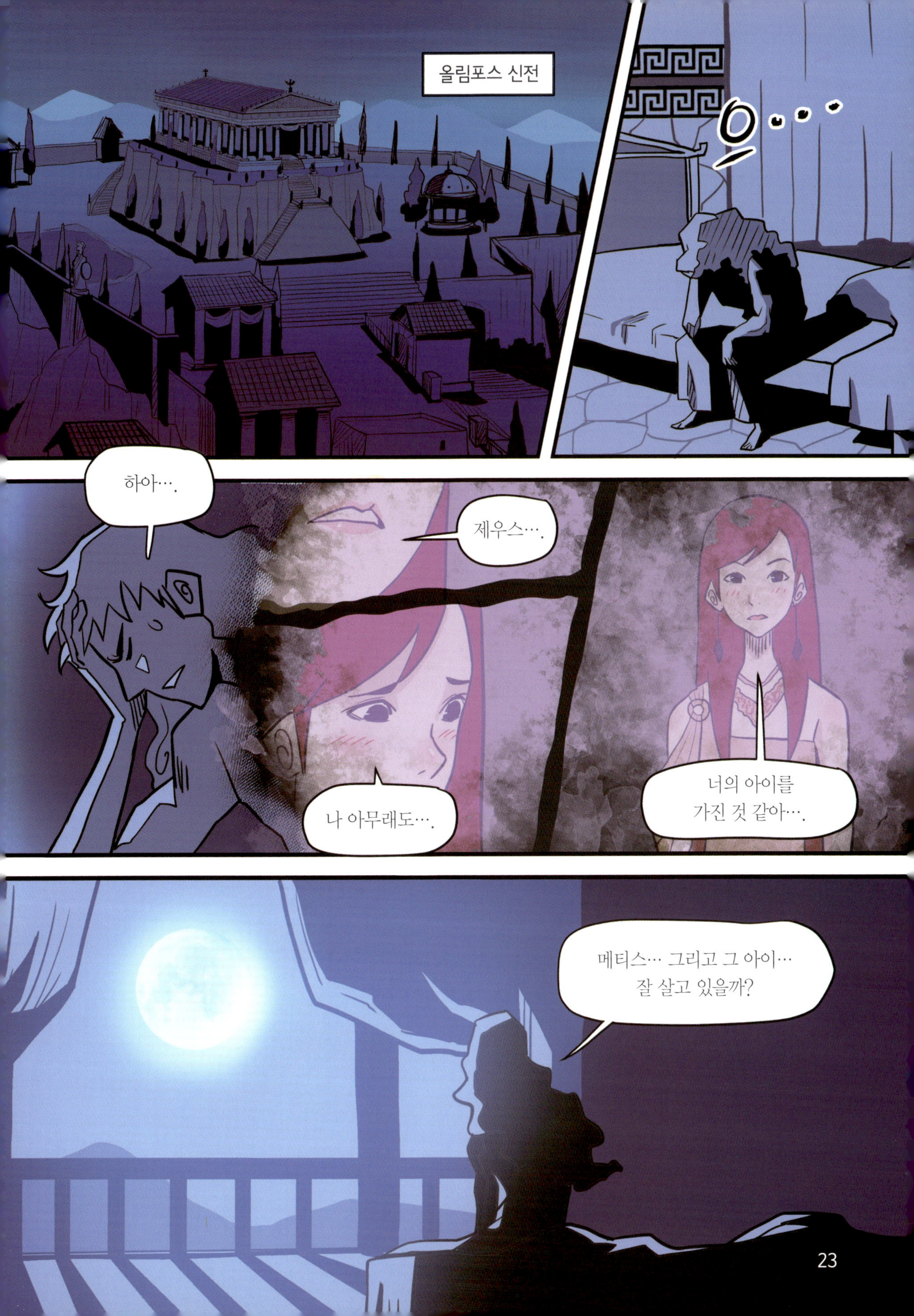

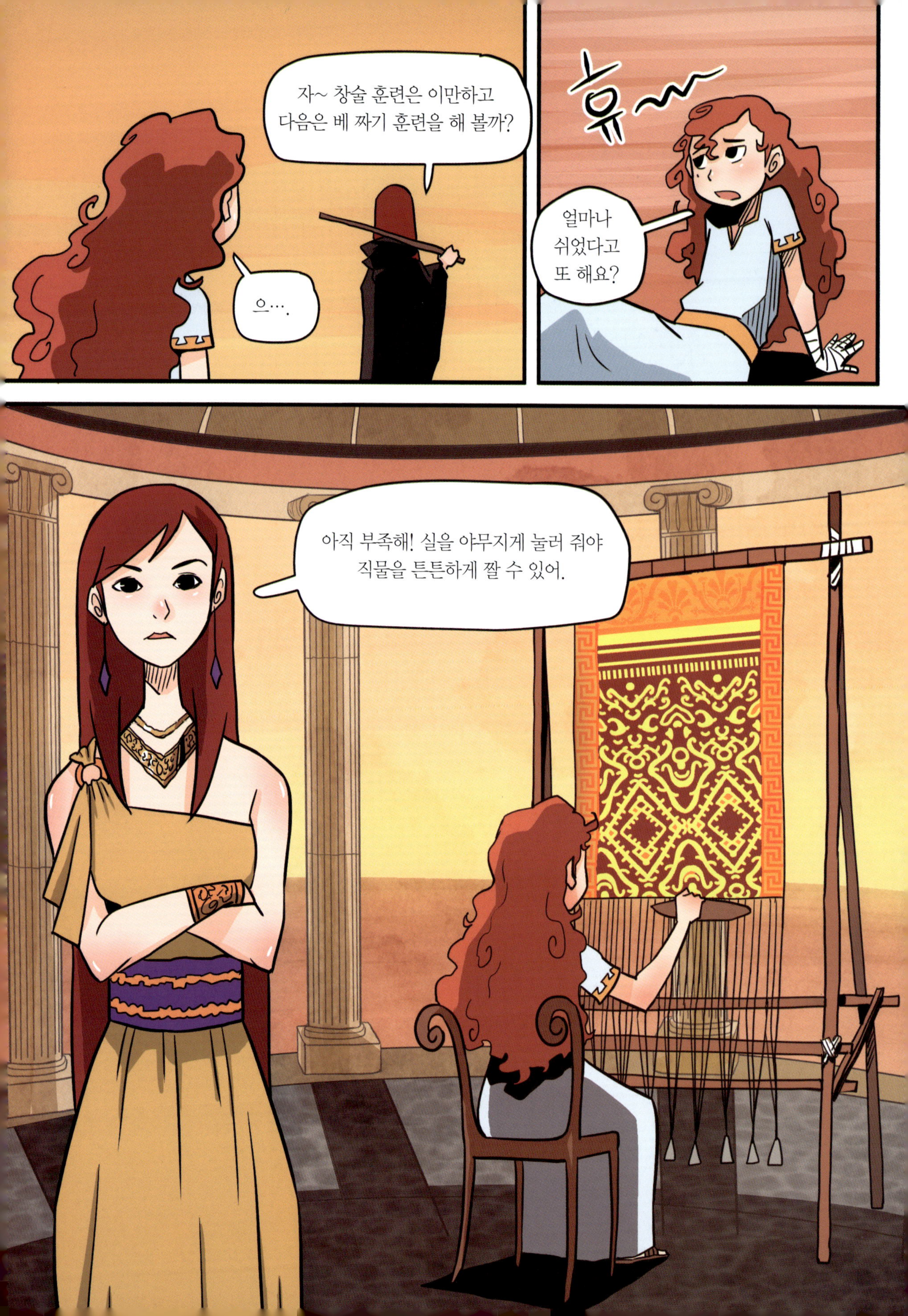

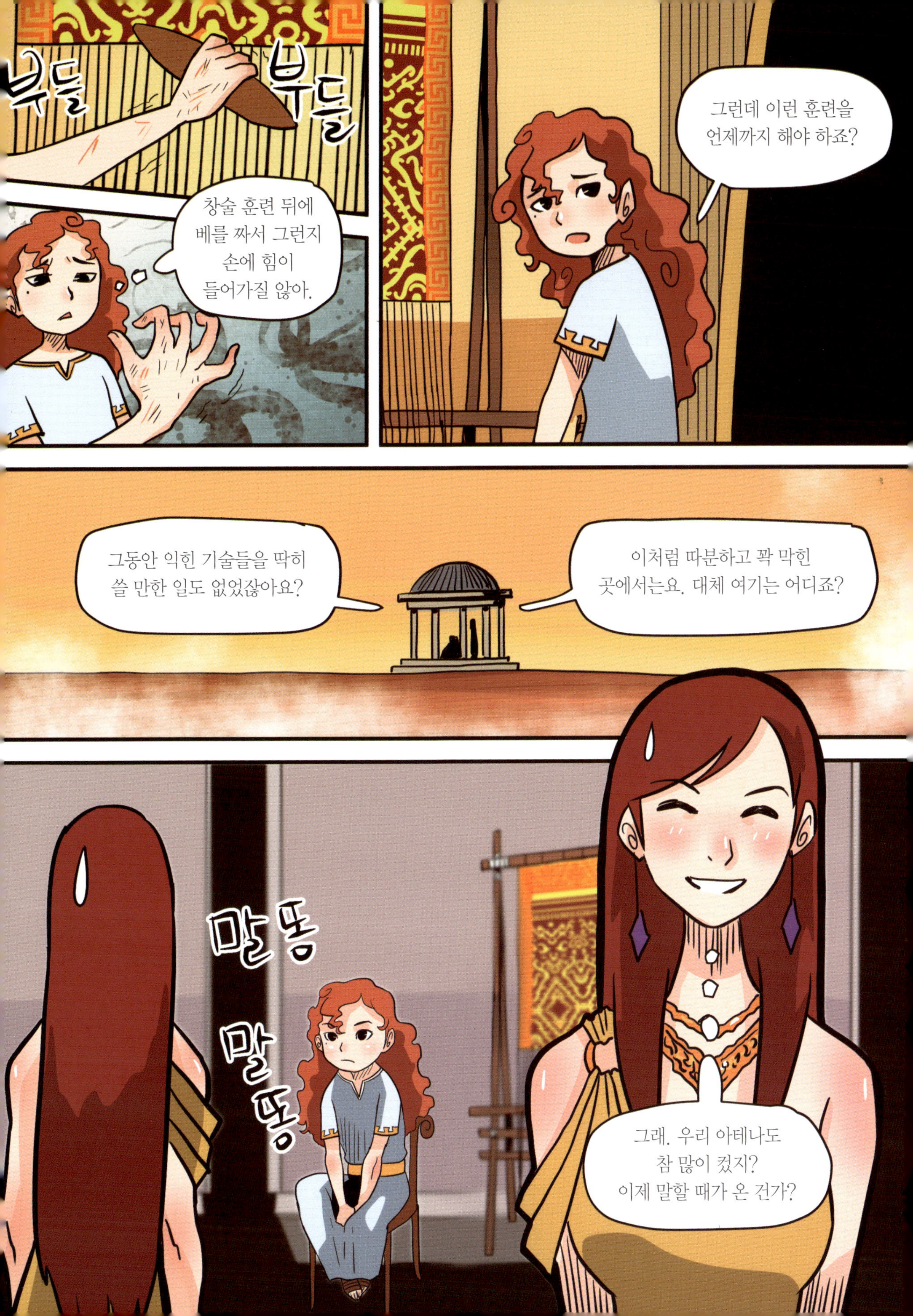

부들 부들

그런데 이런 훈련을 언제까지 해야 하죠?

창술 훈련 뒤에 베를 짜서 그런지 손에 힘이 들어가질 않아.

그동안 익힌 기술들을 딱히 쓸 만한 일도 없었잖아요?

이처럼 따분하고 꽉 막힌 곳에서는요. 대체 여기는 어디죠?

말똥 말똥

그래. 우리 아테나도 참 많이 컸지? 이제 말할 때가 온 건가?

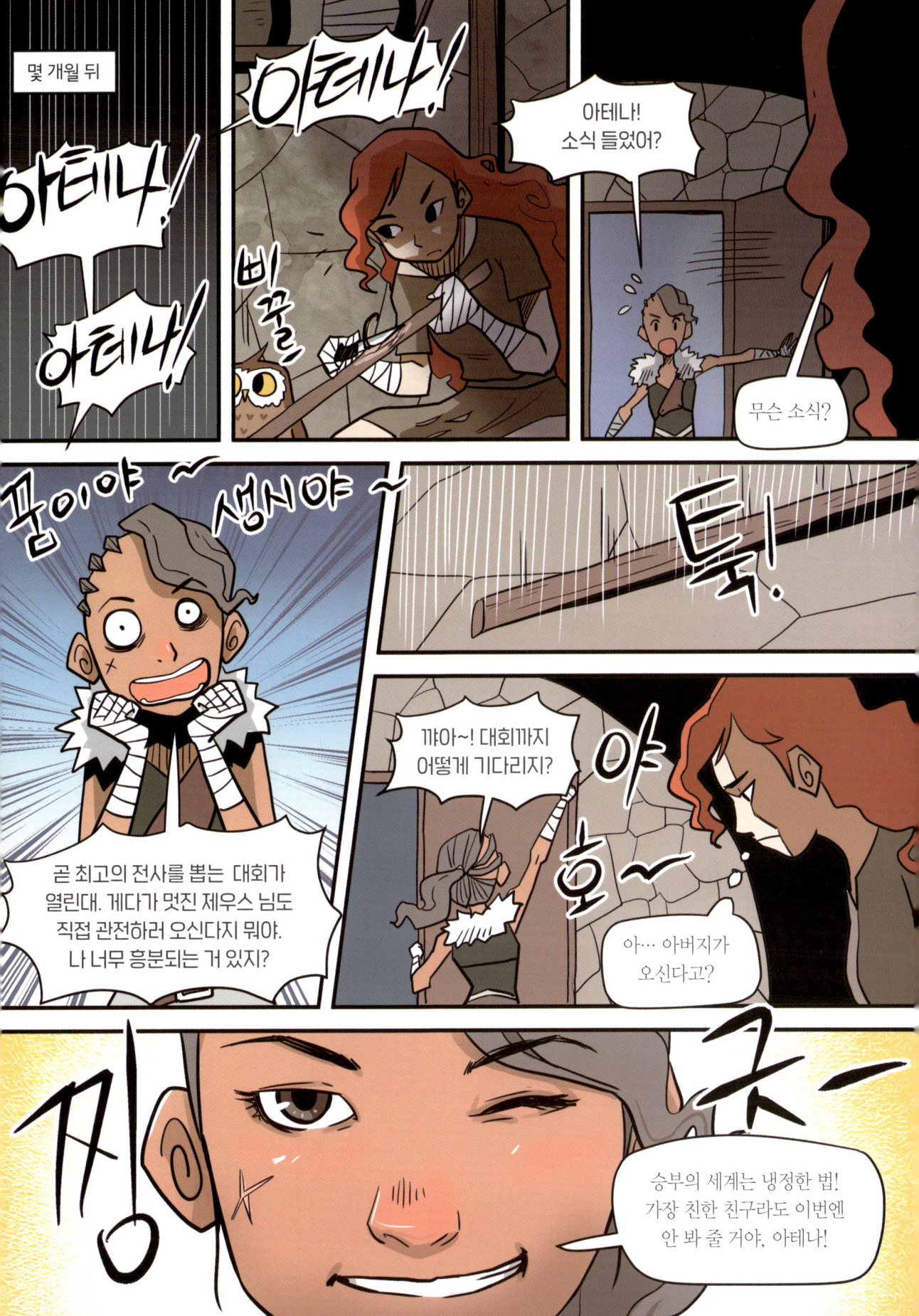

아깐 미안해.
나도 모르게 화가 나서
그만….

아니야. 아레스가 화를
돋구는 데 일가견이 있긴 하지.
그래도 덕분에 멋진 구경을 했어.

그런데 아버지가 왜 전쟁의 신까지
맡기는지 이해가 잘 안 돼.

아테나!
혹시 전쟁이
진짜 슬픈
이유가 뭔지
알아?

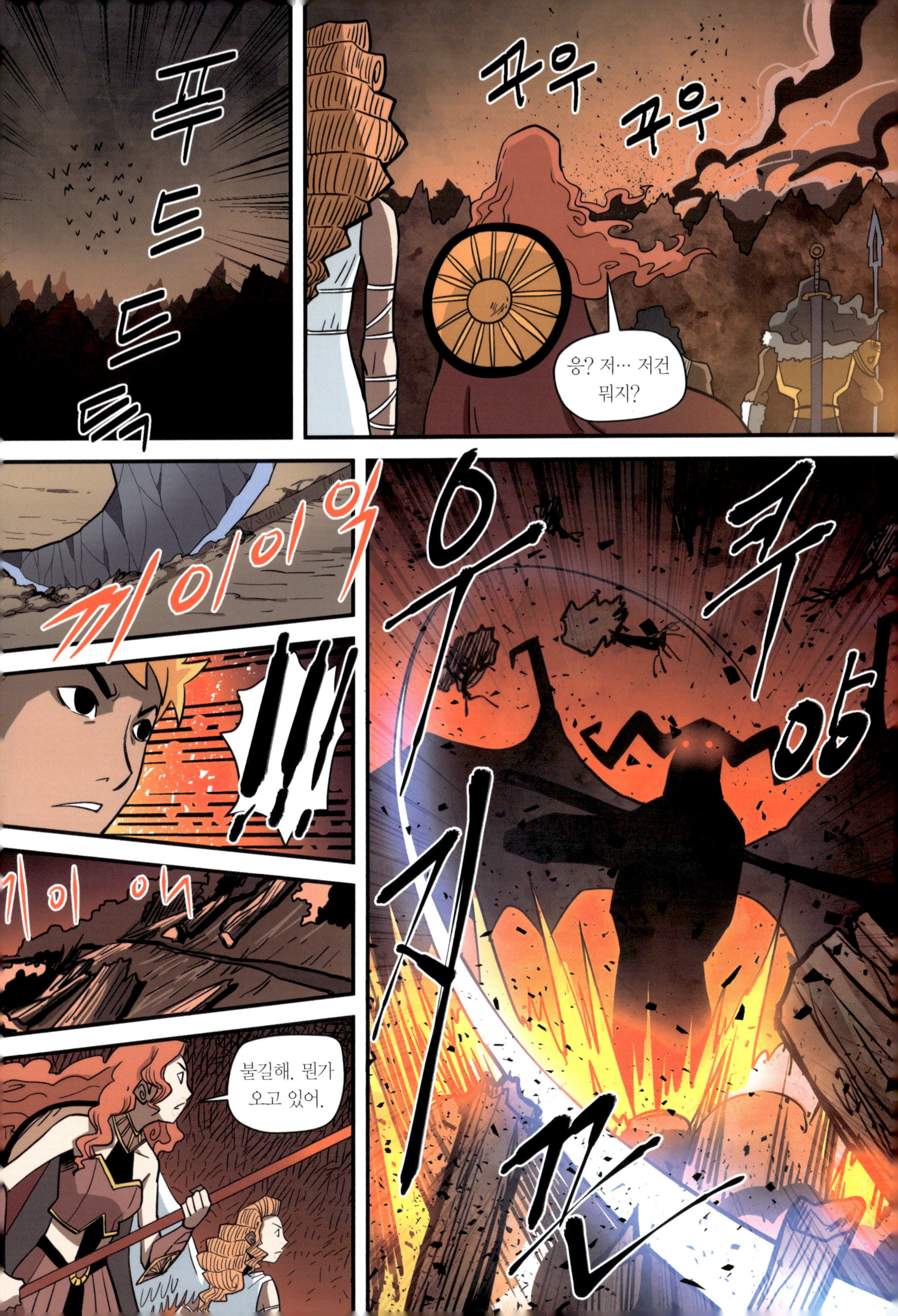

꾸우 꾸우

응? 저… 저건 뭐지?

푸드득

끼이이익

불길해. 뭔가 오고 있어.

우왕ㅋ구ㅋ

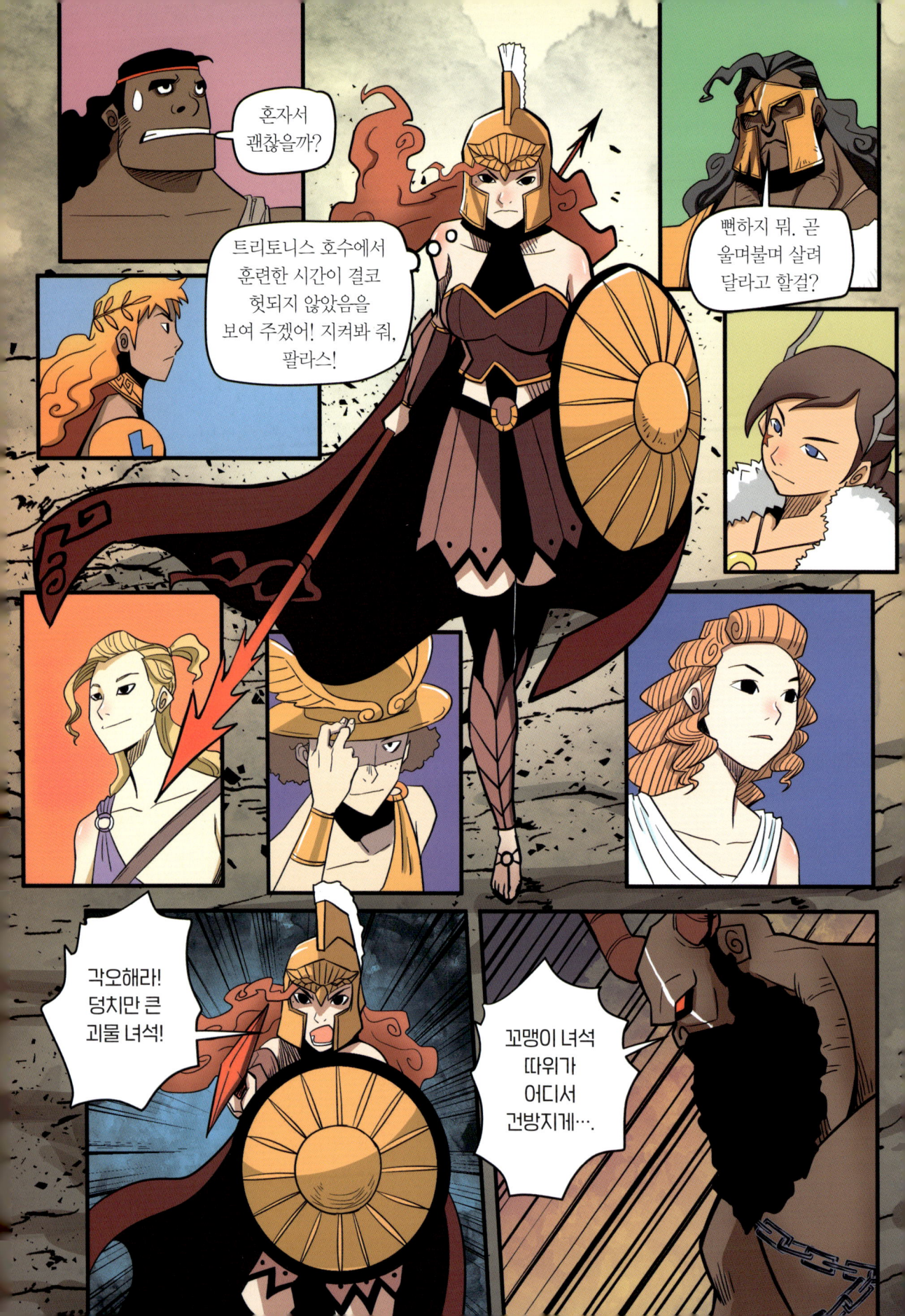

언제까지 도망만 다닐 거냐?

흠... 나보다 빠른 것 같은데?

쳇! 피하기만 하는군.

뭐… 뭐 하는 거냐?

설마…?

크윽!

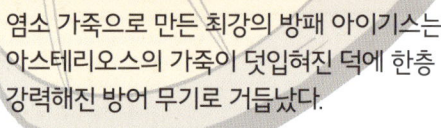

염소 가죽으로 만든 최강의 방패 아이기스는 아스테리오스의 가죽이 덧입혀진 덕에 한층 강력해진 방어 무기로 거듭났다.

헉 헉 헉

팟

아버지!

뭐… 뭐라고?

땅의 정기를 먹고 사는 기간테스는 여기 고향 땅에서는 무적이에요!

그… 그럼 승산이 전혀 없단 얘긴가?

꼭 전면전을 펼칠 이유는 없지 않을까요?

무… 무슨 얘기지?

사기가 오른 올림포스 신들은 각각 하나의 상대를 맡아 회심의 반격을 퍼부었다.

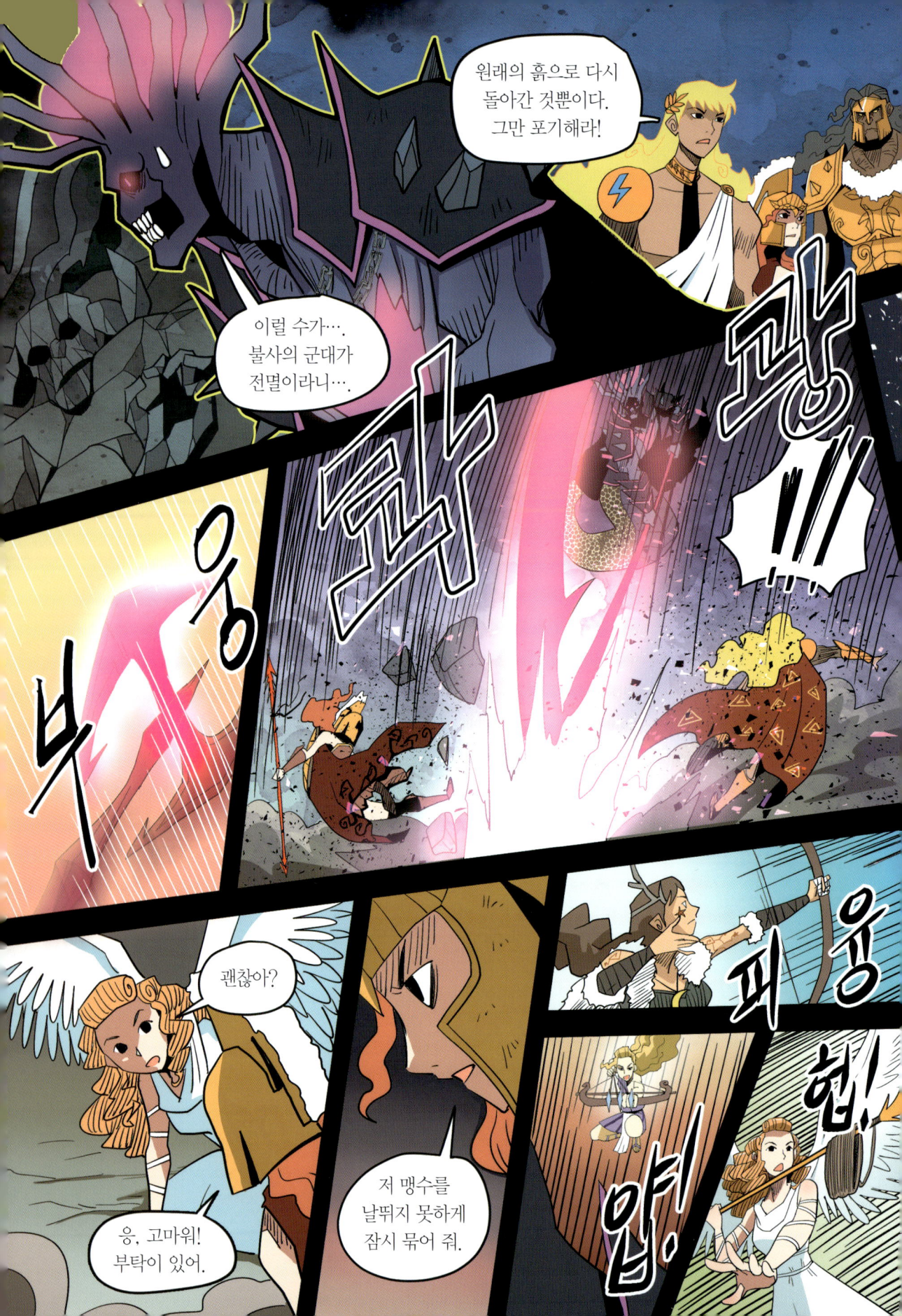

# 아테네의 수호신

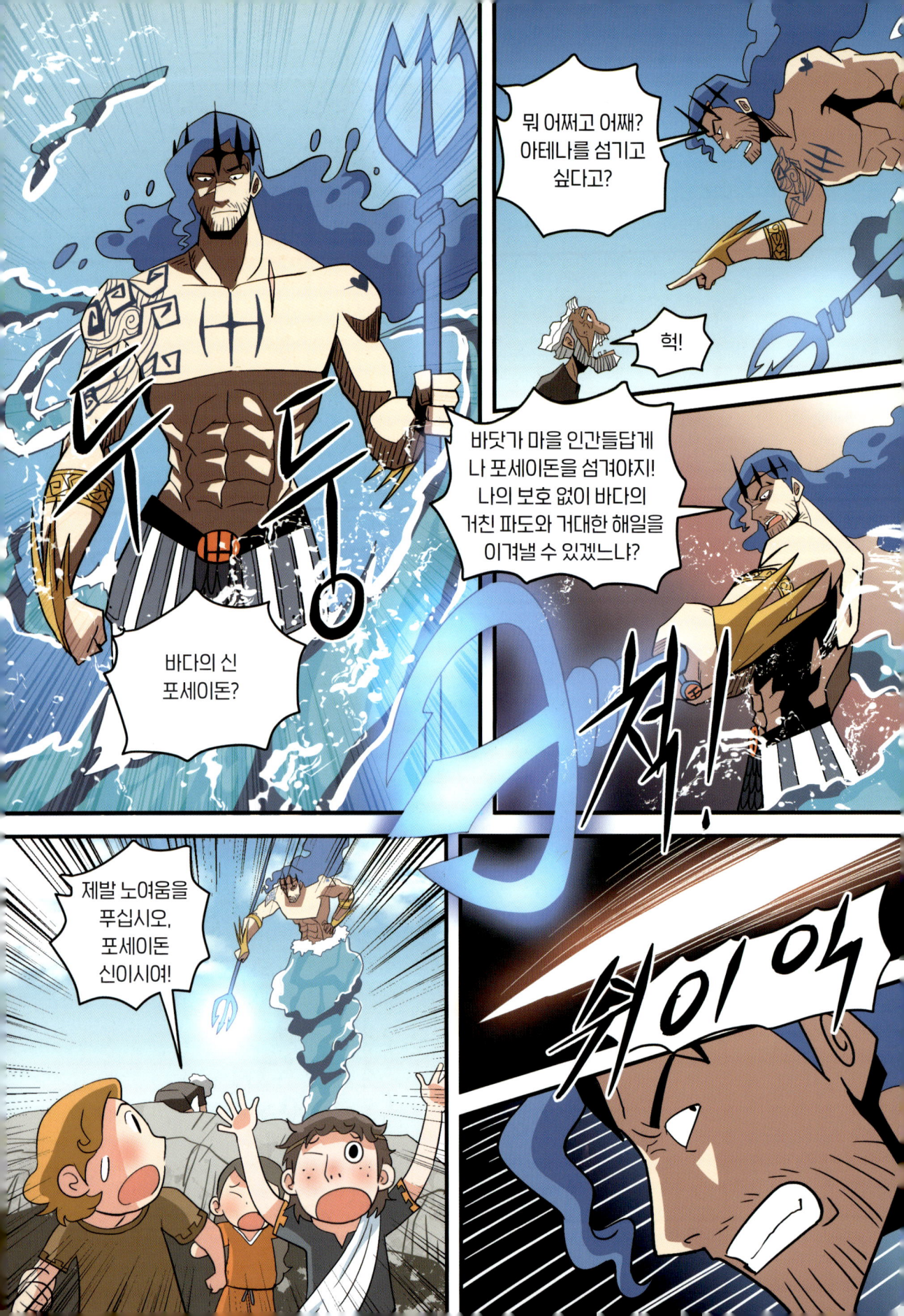

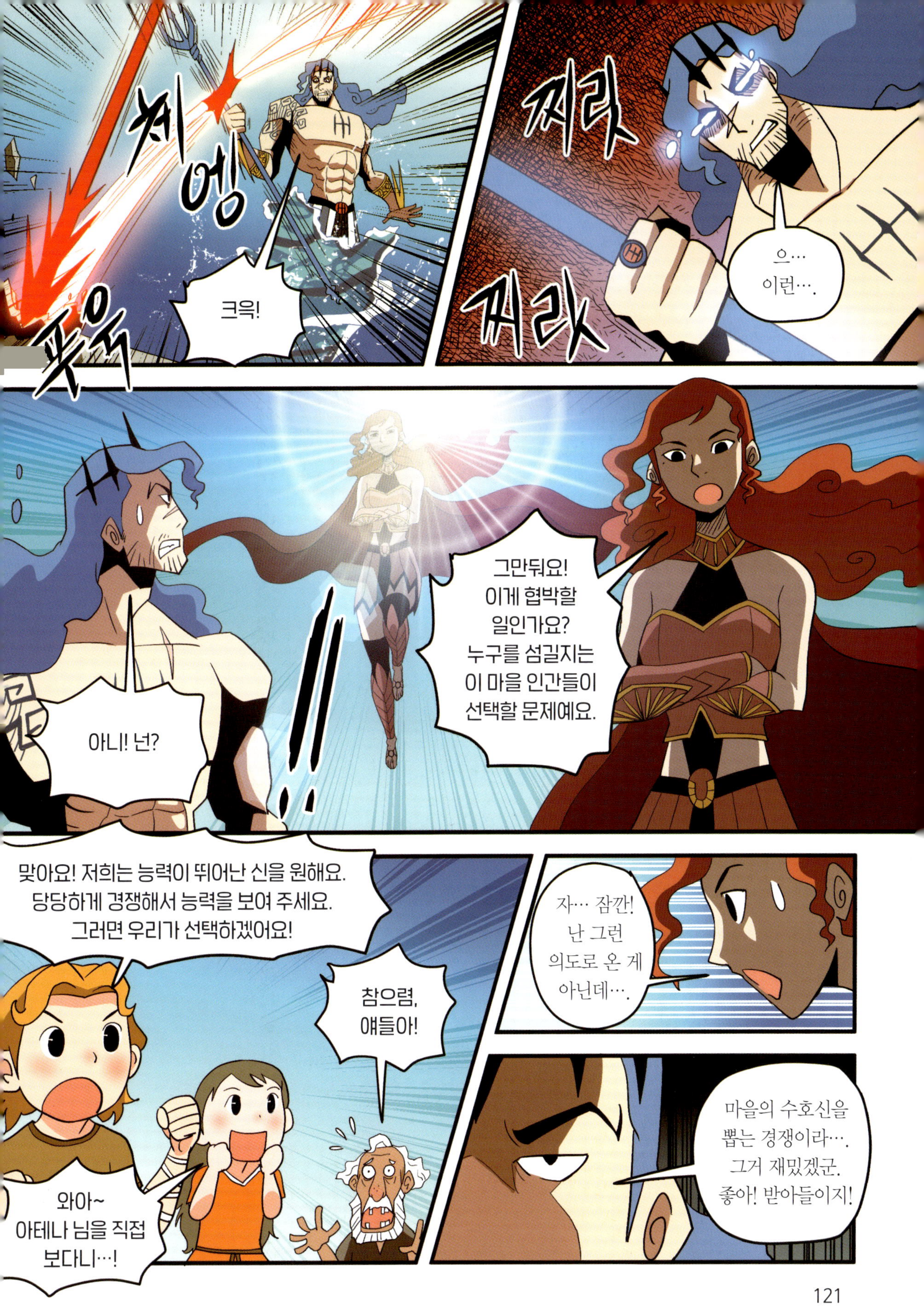

아테네의 아크로폴리스

와 두둥 와 와

올림포스 신이시여! 저는 아티카의 왕 케크롭스입니다. 저희에게 더 멋진 선물을 주신 분을 이 땅의 수호신으로 모시고자 하오니, 부디 잘 부탁드립니다.

케크롭스

와아~ 대단해! 거대한 샘물이 치솟고 있어!

고맙습니다, 포세이돈 신이시여!

뭐 이 정도로 놀라고들 그러나? 하하하!

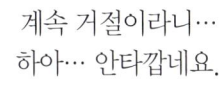

# 6장
## 아라크네와의 베 짜기 대결

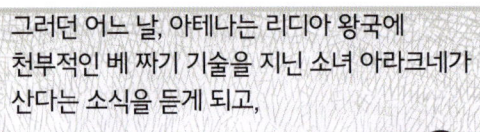

아테나는 올림포스 신들의 영광스러운 모습을 베 위에 짜 넣었다.

휴우~ 드디어 끝났어. 주제는 신들의 영광!

어쩜 이렇게 웅장하고 아름다울 수가….

신들이 마치 살아 움직이는 것 같아! 역시 아테나 님이야!

와아

흥! 뭐 그 정도로 놀라긴요. 이번엔 제가 보여드리죠!

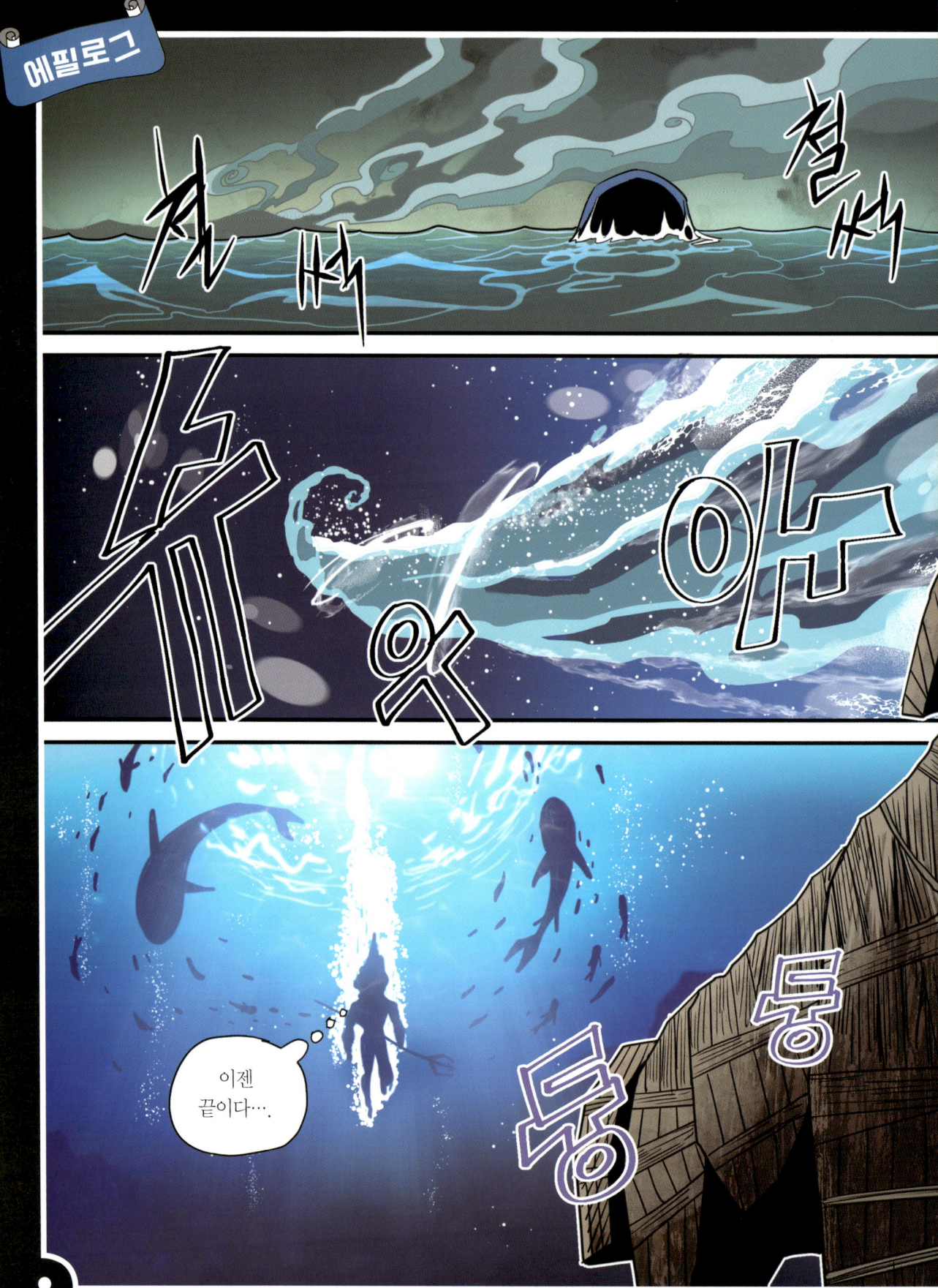

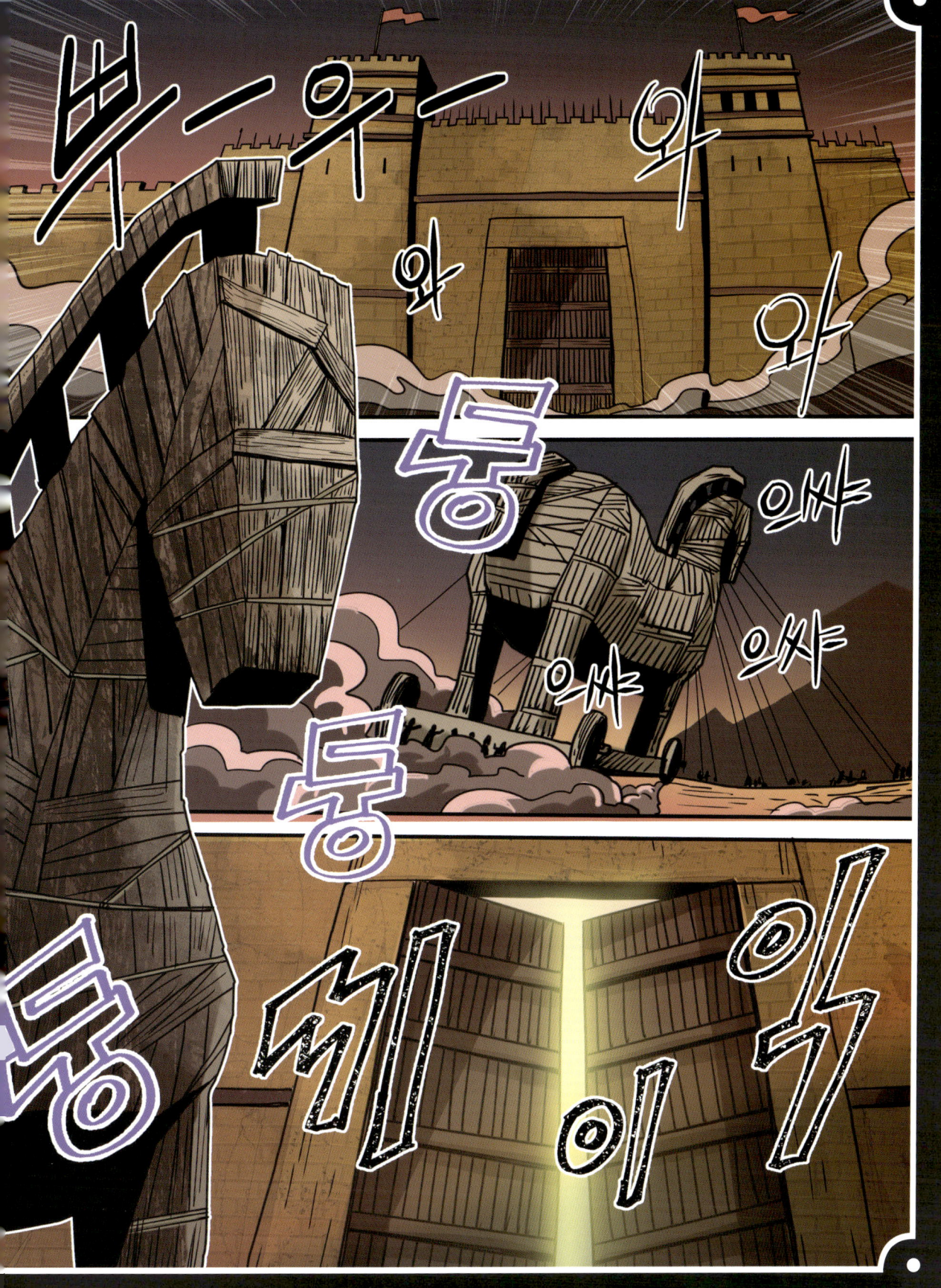

## 그리스 로마 신화 가계도

인물 관계가 한눈에 보이는

그리스 신들의 계보는 크게 1세대 신, 2세대 신, 3세대 신, 4세대 신으로 나눌 수 있어요.
가장 먼저 태어난 1세대 신은 자연물이나 자연의 힘을 상징하는 태초 신들로, '프로토게노이(Protogenoi, 처음 태어난 자)'라 불려요. 대지의 여신 가이아, 하늘의 신 우라노스 등이 있지요.
2세대 신은 태초 신인 가이아와 우라노스가 낳은 12명의 거대한 자식들이에요. '티탄(Titan, 세계 잡아당기는 자)'이라고 불리며, 6명의 아들은 '티타네스', 6명의 딸은 '티타니데스'로 구분하지요. 티탄은 모두 거대한 몸과 강력한 힘을 지니고 있었어요.
3세대 신은 티탄신 크로노스와 레아 사이에서 태어난 6명의 자식들로, 제우스와 그 형제자매가 여기에 속해요.
마지막으로 4세대 신은 아테나를 비롯해 대부분 제우스의 자식들로 이루어져 있는데, 이들 3세대 신과 4세대 신이 모여 '올림포스 12신(12 Olympian Gods, 올림포스산 정상에 사는 신)' 체제를 이루게 되죠.

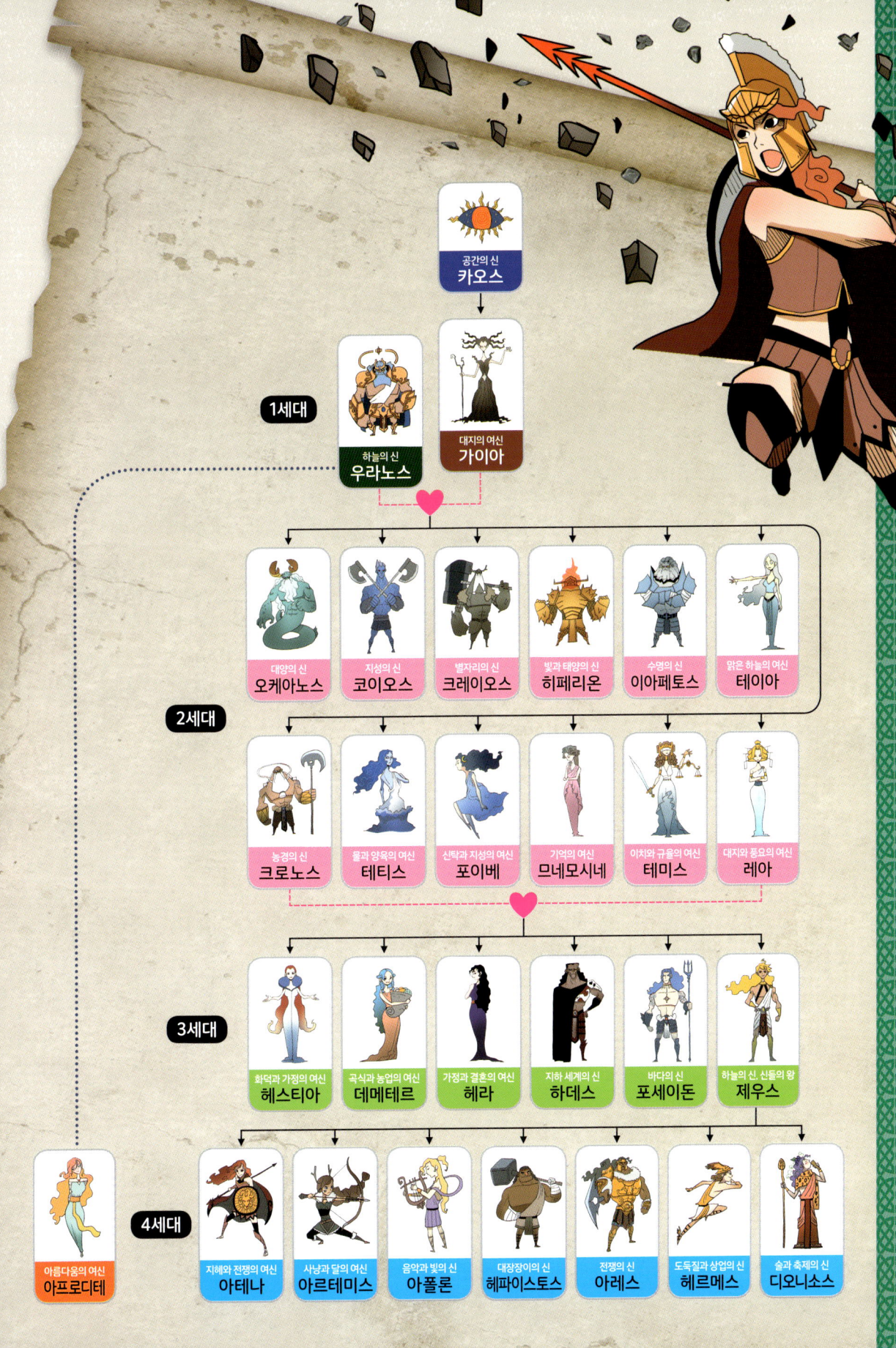

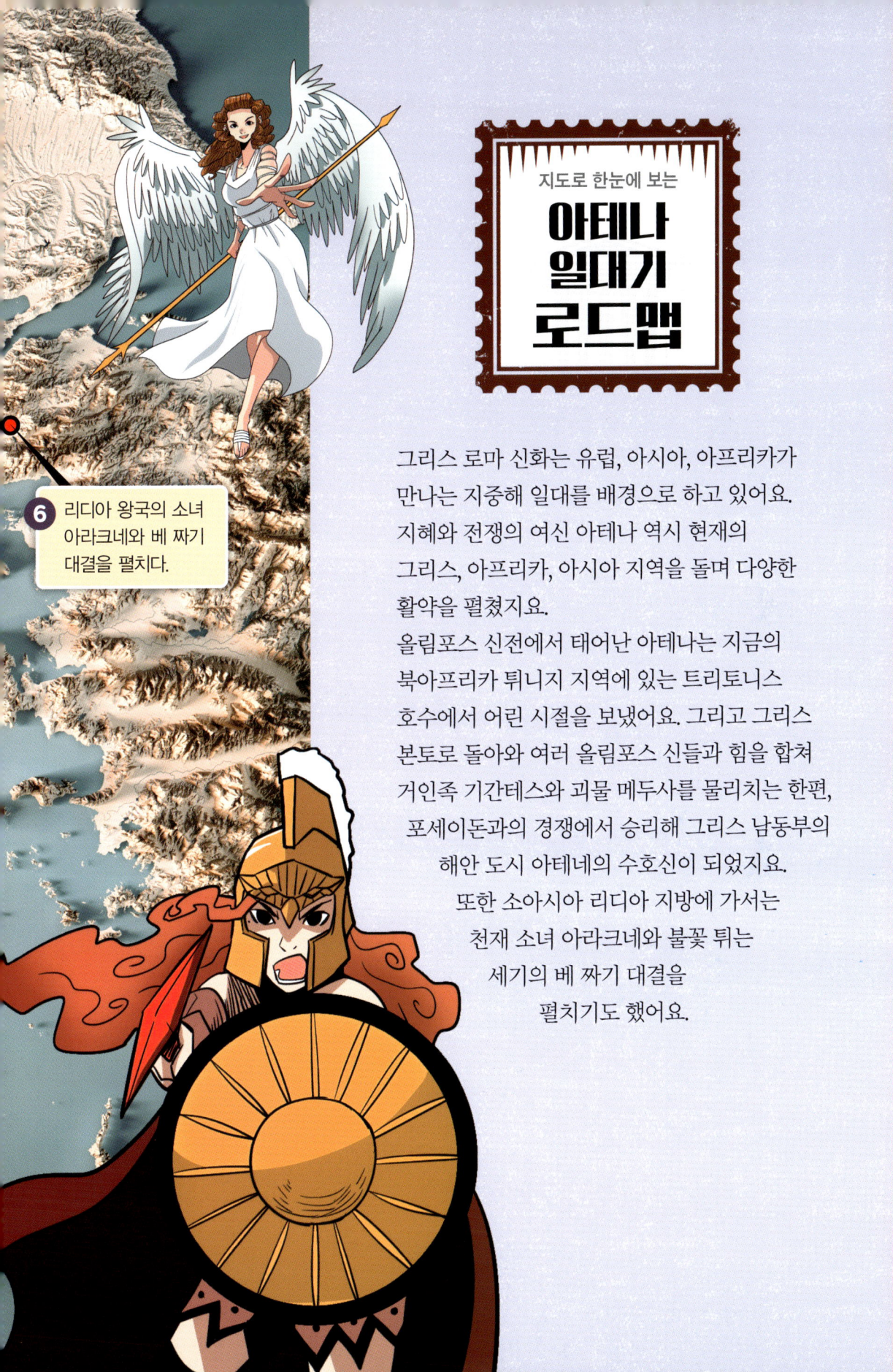

## 지도로 한눈에 보는 아테나 일대기 로드맵

⑥ 리디아 왕국의 소녀 아라크네와 베 짜기 대결을 펼치다.

그리스 로마 신화는 유럽, 아시아, 아프리카가 만나는 지중해 일대를 배경으로 하고 있어요. 지혜와 전쟁의 여신 아테나 역시 현재의 그리스, 아프리카, 아시아 지역을 돌며 다양한 활약을 펼쳤지요.

올림포스 신전에서 태어난 아테나는 지금의 북아프리카 튀니지 지역에 있는 트리토니스 호수에서 어린 시절을 보냈어요. 그리고 그리스 본토로 돌아와 여러 올림포스 신들과 힘을 합쳐 거인족 기간테스와 괴물 메두사를 물리치는 한편, 포세이돈과의 경쟁에서 승리해 그리스 남동부의 해안 도시 아테네의 수호신이 되었지요. 또한 소아시아 리디아 지방에 가서는 천재 소녀 아라크네와 불꽃 튀는 세기의 베 짜기 대결을 펼치기도 했어요.

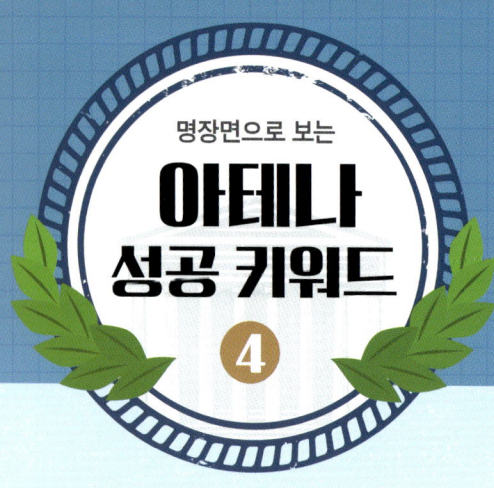

## 명장면으로 보는
# 아테나 성공 키워드 ④

아테나를 위대한 신으로 이끈 건 통찰력이 번득이는 삶의 지혜였어요. 다양한 지식은 물론, 뛰어난 상황 판단력과 유연한 사고력, 배려심까지 고루 지니고 있었지요. 과연 아테나는 어떤 지혜들을 발휘해 세상을 바꿔나갔는지 한번 살펴볼까요?

 아테나는 **문제 파악 능력**과 판단력이 뛰어났어요. 기간토마키아 당시 기간테스의 압도적인 위력에 당황하지 않고, 그들이 자신의 고향 땅에서 벗어나면 힘을 잃는다는 약점을 파고들어 전쟁을 승리로 이끌었지요.

 아테나는 상대방을 이해하고 **배려**하려는 마음이 컸어요. 아테네 쟁탈전에서도 척박한 땅과 궂은 날씨에 고생하는 아테네 시민들을 가엾게 여겨, 쉽게 키울 수 있고 요리, 미용, 약재 등 다양한 용도로 쓸 수 있는 올리브 열매를 선물로 주었지요.

**3** 지식은 어떤 사물이나 현상을 이해하는 데에만 목적이 있지만, 지혜는 세상을 더 이롭고 풍요롭게 만드는 데 있어요. 이를 잘 알고 있었던 아테나는 시간이 날 때마다 인간에게 베 짜기 기술을 알려 주는 등 자신의 지혜와 경험, 기술을 혼자 독점하지 않고 널리 **공유**하려고 애썼지요.

**4** 지혜로운 사람은 **겸손**하고 자기 자랑을 하지 않아요. 겸손한 마음가짐이 있어야 자신의 부족한 점을 고치고 더 나은 나를 만들어 나갈 수 있거든요. 아테나가 아라크네에게 재능이 있을 수록 겸손해야 한다고 조언한 것도 바로 이런 이유 때문이지요.

아테나 스토리 속 깨알 재미
# 이스터 에그

이스터 에그는 기획자가 영화나 책, 게임 등에 재미로 몰래 숨겨 놓은 메시지나 기능을 말해요. 그런데 그리스 로마 신화에도 저자가 숨겨 둔 깨알 같은 이스터 에그들이 정말 많아요. 어디에 꼭꼭 숨어 있는지, 또 그 장면은 왜 등장했는지 한번 살펴볼까요?

## Q 아테나는 왜 항상 올빼미와 함께 다닐까?

옛날 서양에서는 올빼미를 지혜의 상징으로 여겨왔어요. 크고 밝게 빛나는 눈을 가진 덕에 깜깜한 어둠 속에서도 주변 상황을 정확히 파악해 낼 수 있기 때문이지요. 이런 까닭에 지혜의 여신인 아테나는 올빼미의 그리스식 이름(Glaux)을 딴 클라우코피스(Glaucopis)로 불리기도 해요.

## Q 왜 트리토니스 호수에서 아테나 이야기가 시작할까?

아테나는 원래 북아프리카의 신이었다는 설이 있어요. 처음에는 튀니지 트리토니아 지방 사람들이 모시는 신이었으나 이들 일부가 그리스로 이주하면서 그리스 신으로 흡수되었다는 것이지요. 이 지역에 가면 엘 제리드 소금 호수가 있는데, 이곳이 아테나가 탄생한 트리토니스 호수로 여겨지고 있어요. 아마 이런 이유로 트리토니스 호수를 아테나 일대기의 시작점으로 삼지 않았나 해요.

## Q 아테나는 왜 방패를 들고 있을까?

아테나와 아레스는 같은 전쟁의 신이었어요. 하지만 아레스가 공격과 파괴를 선호한 반면, 아테나는 방어와 전략을 중시했지요. 그래서인지 공격 무기만을 지닌 대부분의 올림포스 신들과 달리, 아테나는 방어 무기인 방패를 들고 있어요.

## Q 기간테스는 죽어서 그리스 섬이 되었다?

기간토마키아에서 올림포스 신들은 고향 땅 밖에서는 힘을 쓰지 못하는 기간테스를 고향 땅 밖으로 유인해 물리쳤어요. 그리고 거대한 바위를 던져 섬에 깔리도록 했지요. 현재 그리스 바다에는 섬들이 엄청 많은데요, 이 섬들은 기간테스의 시체들로 이루어졌다는 이야기가 전해 오고 있어요.

## Q 아라크네와 거미 사이에는 어떤 공통점이 있을까?

거미는 끈끈하지 않은 세로실과 끈끈한 가로실을 교차시켜 튼튼한 거미줄을 만들어요. 이는 세로로 놓인 날실과 가로로 놓인 씨실을 교차시켜 단단한 직물을 만드는 베 짜기 기술과 매우 유사하지요. 아마 고대 그리스 로마인들은 거미를 보고 아라크네 같은 베 짜기 장인들의 모습을 떠올린 게 아닌가 생각돼요. 실제 아라크네라는 이름도 거미와 관련이 있는데요, 현대 그리스어로 거미를 아라흐니(Αράχνη)라고 부르지요.

## Q 아테네에는 실제 아테나를 기리는 축제가 있었다?

실제 고대 아테네는 아테나 여신을 섬기는 도시답게 아테나와 관련된 문화재와 행사가 많았다고 해요. 아테네 언덕에는 아테나를 모시는 파르테논 신전이 세워졌으며, 매년 7월경에는 아테나를 기리는 '판 아테나이아'라는 축제를 열어 다양한 경기와 음악 공연들을 펼쳤다고 하지요. 일부 문헌에 따르면, 판 아테나이아 제전은 아테나가 아스테리오스를 무찌른 사건을 기념하기 위해 만들어졌다고 해요.

## 나와 성향이 맞는 신은?
## 올림포스 히어로 MBTI

MBTI는 성격 유형 지표로, 대인 관계와 자기 개발을 위한 도구로 많이 이용되고 있어요. 두 개의 태도 지표(외향형-내향형, 판단형-인식형)와 두 개의 기능 지표(감각형-직관형, 사고형-감정형)에 대한 개인 선호도를 토대로 성격 유형을 16가지로 분류했죠. 인간을 닮은 올림포스 신들은 과연 어떤 MBTI를 지녔고, 나의 MBTI와는 얼마나 비슷한지 한번 비교하며 볼까요?

## MBTI 유형 소개

**E** 외향형 - 폭 넓은 대인 관계 선호
**S** 감각형 - 실제 경험과 현실성 중시
**T** ✓ 사고형 - 논리적, 분석적 접근을 추구
**J** ✓ 판단형 - 철저한 사전 계획 수립 중시

에너지 방향 / 인식 기능 / 판단 기능 / 생활 양식

**I** ✓ 내향형 - 신중한 대인 관계 선호
**N** ✓ 직관형 - 개인의 영감과 직관에 의존
**F** 감정형 - 공감과 조화에 관심
**P** 인식형 - 상황에 따라 융통성 있게 대응

**INTJ 전략가형 — 아테나**